Rolf Steininger

Der Koreakrieg

25. Juni 1950 – 27. Juli 1953

Inhaltsverzeichnis

National Archives II, College Park, Maryland

Der 38. Breitengrad als Demarkationslinie zur Entwaffnung der Japaner. In 30 Minuten in der Nacht vom 10. auf den 11. August 1945 im Pentagon festgelegt und von Stalin akzeptiert. Schon bald wird sie zur Grenze zwischen Nord- und Südkorea.

National Archives II, College Park, Maryland

Der Krieg bringt unermessliches Leid über die Zivilbevölkerung, die vor den heranziehenden Kommunisten flüchtet.

Der Überfall und die amerikanische Reaktion

Der Krieg begann an einem Sonntag, im Morgengrauen des 25 Juni 1950. Um 4:00 Uhr eröffneten die Nordkoreaner mit Haubitzen und Mörsern entlang des 38. Breitengrades das Feuer. Dann traten auf der etwa 200 Kilometer langen Front zwischen dem Gelben und dem Japanischen Meer sieben Infanteriedivisionen und eine Panzerbrigade mit 150 sowjetischen T-34-Panzern, unterstützt von Jagdflugzeugen, zum Angriff an, zusammen etwa 120.000 Mann.

US-Außenminister Dean Acheson war zum Wochenende auf seine Farm in Sandy Spring, Maryland, gefahren. Es war Samstag, 24 Juni 1950, in Seoul bereits der 25. Juni (die Zeitverschiebung zwischen Seoul und Washington beträgt 13 Stunden). Etwa um 22:00 Uhr läutete das Telefon. Der diensthabende Beamte im State Department informierte Acheson über ein dringendes Telegramm des amerikanischen Botschafters in Südkorea, in dem dieser berichtete, was geschehen war. Für ihn war klar: „Alle Anzeichen sprechen dafür, dass es sich um eine Großoffensive gegen die Republik Korea handelt."

Zur gleichen Zeit befand sich US-Präsident Harry S. Truman in seinem Geburtsort Independence, Missouri, wo er im Kreise seiner Familie ein ruhiges Wochenende verbringen wollte. Kurz nach 22:00 Uhr – in Washington war es bereits Mitternacht – erreichte ihn ein Telefonat Dean Achesons: „Mr. President, ich habe sehr ernste Nachrichten für Sie. Die Nordkoreaner sind in Südkorea eingefallen." Truman fragte, ob er nach Washington kommen solle; Acheson antwortete, dass noch keine Einzelheiten bekannt seien, und er glaube, der Präsident könne sein Wochenende in Ruhe in Independence verbringen. Er wolle in jedem Fall eine Sondersitzung des UN-Sicherheitsrates beantragen. Truman stimmte zu.

Erst am Nachmittag des nächsten Tages flog er in der „*Independence*“ nach Washington zurück. Während des Fluges ließ er eine lange Reihe von Präzedenzfällen aus den Dreißigerjahren Revue passieren: Japans Einfall in der Mandschurei, Mussolinis Überfall auf Äthiopien, Hitlers Einmarsch ins entmilitarisierte Rheinland. Er war überzeugt davon, dass, wenn die Russen in die Fußstapfen der aggressiven Diktatoren treten sollten, dann müsse man sich ihnen entgegenstellen. Und es kam noch etwas hinzu: China. Die USA hatten nach dem Zweiten Weltkrieg dort versucht, den drohenden Bürgerkrieg durch eine Vermittlungsaktion des ehemaligen Generalstabschefs und von 1947 bis 1949 Außenminister, George C. Marshall, zu verhindern. Weil der Nationalchinese Tschiang Kai Schek die eigene Stärke überschätzte und daher eine Einigung zwischen ihm und seinem Todfeind Mao Tse Tung nicht möglich war, trieb das Land schließlich in den Bürgerkrieg, der am 1. Oktober 1949 mit dem Sieg Maos endete (nicht zuletzt aufgrund massiver Hilfe Stalins, wie wir heute wissen). Nahezu hilflos hatte Amerika zugeschaut, musste sich aber schließlich mit dem Unvermeidlichen abfinden: Tschiang Kai Schek flüchtete mit den Resten seiner Truppe nach Taiwan. In den USA beschuldigten Leute wie Senator Joseph McCarthy und andere Republikaner vom rechten Flügel Truman und seinen Außenminister Dean Acheson, sie seien dem Kommunismus gegenüber zu „weich“ und hätten nicht genug für Tschiang Kai Schek getan. Ihrer Meinung nach hatten sie nicht nur die Tschechoslowakei 1948, sondern auch China 1949 an die „gottlosen“ Kommunisten „verloren“.

Als der Überfall auf Südkorea erfolgte, sahen sich beide daher in einer Lage, in der ihnen Tatenlosigkeit und alles, was weniger als der direkte Einsatz amerikanischer Soldaten war, sofort als Verrat angelastet worden wäre. Noch ein Land konnte man nicht an die Kommunisten „verlieren“, zumal Truman und seine Mitarbeiter den Überfall Nordkoreas als Beginn

National Archives II, College Park, Maryland

Bilder, die an die sowjetische Besatzungszone in Deutschland erinnern. In Nordkorea ist Kim Il Sung der „weise Führer", der die gewaltsame Wiedervereinigung will. Der Spruch unter seinem Bild lautet: „Stalin – der Befreier aller unterdrückten Völker."
Der Spruch links: „Für die Moskauer Vereinbarung" (v. 27. Dezember 1945). Rechts: „Unabhängigkeitstag 15. August." Der Tag der japanischen Kapitulation, der noch heute als Nationalfeiertag in Nord- und Südkorea gefeiert wird.

einer großangelegten, globalen, von Moskau gesteuerten kommunistischen Offensive ansahen. Als nächste mögliche Ziele wurden genannt: Indochina, Burma, Malaya, Jugoslawien, Persien und Deutschland. Es galt daher, der kommunistischen Aggression in Korea entschlossen entgegenzutreten. Der 25. Juni wurde so etwas wie ein „Pearl Harbor" des Kalten Krieges. Für Dean Acheson stand fest, dass durch diesen „ersten offenen Aggressionsakt seit Ende des Zweiten Weltkrieges [...] die Zukunft der gesamten freien Welt auf dem Spiel steht, zu deren Schutz die USA handeln". Man sei an einem „Wendepunkt der Geschichte" angekommen. Der nordkoreanischen, sprich sowjetischen Aggression musste daher entschlossen entgegengetreten werden, was am besten im Namen und Auftrag („umbrella") der Vereinten Nationen durchzuführen war – wo die westlich orientierten Staaten unter Führung der USA damals eine eindeutige Mehrheit besaßen. Folgerichtig verlangte der UN-Sicherheitsrat noch am 25. Juni auf Antrag der USA mit 9:0 Stimmen – bei Stimmenthaltung Jugoslawiens – von Nordkorea den Rückzugs seiner Truppen auf den 38. Breitengrad und forderte alle UN-Mitgliedstaaten auf, bei der Durchsetzung dieser Resolution „in jeder Weise zu helfen und Nordkorea keinerlei Unterstützung zukommen zu lassen". Der sowjetische Vertreter, Jakob Malik, war nicht anwesend. Die Sowjetunion boykottierte den Sicherheitsrat seit Monaten. Sie protestierte damit gegen die Haltung der UNO-Mehrheit, das kommunistische China nicht in die Weltorganisation aufzunehmen und den Vertreter Taiwans nach wie vor als Repräsentanten Chinas anzuerkennen.

Am Abend des 25. Juni fand in Washington eine erste Besprechung auf höchster Ebene statt. Für den Vorsitzenden der Chiefs of Staff, General Omar N. Bradley, war jetzt der Zeitpunkt gekommen, um den Kommunisten unmissverständlich zu sagen: „Bis hierher und nicht weiter!" („*We must draw the line somewhere!*") Truman stimmte dem zu. Noch war man allerdings der Meinung, mit den Maßnahmen auszukommen, die Acheson empfahl: Waffenlieferungen zur Unterstützung Südkoreas, Einsatz der Luftwaffe zur Sicherung der Evakuierung von amerikanischen Frauen und Kindern aus Seoul, Verlegung der 7. US-Flotte in die Straße von Formosa, um einen Angriff Rotchinas auf Taiwan zu verhindern.

Schon am nächsten Tag wurde deutlich, dass die Entwicklung in Korea weitergehende Maßnahmen erforderte. Der Fall Seouls stand unmittelbar bevor. Am Morgen des 27. Juni teilte Truman in einer Presseerklärung die Entscheidung vom Abend zuvor mit, nämlich: „Ich habe den Luft-und Seestreitkräften der USA den Befehl erteilt, den Truppen der südkoreanischen Regierung Schutz und Unterstützung zu leisten.“

Erst zehn Stunden später wurde diese Maßnahme vom UNO-Sicherheitsrat nachträglich sanktioniert. Dies war nur möglich, weil Moskau den Sicherheitsrat nach wie vor boykottierte und Stalin es nicht für nötig gehalten hatte, einen Vertreter zu entsenden, da er – wie von Kim zugesichert – mit einem schnellen Sieg der Kommunisten rechnete.

Drei Tage nach dem Angriff fiel die Hauptstadt Seoul; fünf Tage nach dem Beginn der Kämpfe war die halbe südkoreanische Armee vernichtet; die Nordkoreaner standen tief im Süden der Halbinsel. Daraufhin ging Truman am 30. Juni einen

National Archives II, College Park, Maryland

Am 30. Juni 1950 fällt in Washington die Entscheidung, nach Marine und Luftwaffe – deren Einsatz von den Südkoreanern wie hier in Pusan als „Kreuzzug für Weltfrieden und Gerechtigkeit“ begrüßt wird – auch Bodentruppen in Korea einzusetzen.

entscheidenden Schritt weiter: Er genehmigte den Einsatz der zwei in Japan stationierten amerikanischen Divisionen in Korea. Die Sitzung, in der dieser historische Beschluss gefasst wurde, dauerte nur eine halbe Stunde. Truman befahl außerdem die Blockade und die Bombardierung Nordkoreas. Verschont werden sollten lediglich die Grenzgebiete zu China und der Sowjetunion. Washington hatte sich für den großen antikommunistischen „Kreuzzug" entschieden. Truman ernannte General Douglas MacArthur zum Oberbefehlshaber in Korea. Gleichzeitig wurden Elitetruppen aus den USA nach Korea eingeflogen. Ihnen gelang es, den Vormarsch der Kommunisten zu stoppen und im Südosten Koreas bei Pusan einen Brückenkopf zu bilden.

Formal war die „Polizeiaktion", wie der Kampf gegen die nordkoreanischen Kommunisten offiziell hieß, kein rein amerikanisches Kommando, sondern vielmehr ein *United Nations Command* auf der Basis der UNO-Resolution vom 27. Juni. Darin waren alle Mitglieder gebeten worden, Truppen nach Korea zu entsenden. Dies war die Geburtsstunde einer ersten internationalen Streitmacht, die sich in den nächsten Monaten allmählich komplettierte. Am Ende gehörten ihr neben Amerikanern und Südkoreanern Soldaten aus 15 Nationen an. Dabei stellten die Amerikaner zwei Jahre nach dem Angriff allerdings nicht nur die Hälfte der Soldaten – rd. 350.000 Mann –, sondern finanzierten auch das ganze Unternehmen.

Die Vorgeschichte: ohne Stalin kein Krieg

Korea, das „Land der Morgenstille", war 1910 als eines der Opfer des japanischen Imperialismus von Japan offen annektiert worden. Es diente dem Kaiserreich als Lieferant von Rohstoffen und Arbeitskräften und wurde wie eine Kolonie niederen Ranges behandelt. 80 Prozent der Koreaner konnten 1945 weder lesen noch schreiben. Der Zweite Weltkrieg schien auch hier die Wende zu bringen. US-Präsident Franklin D. Roosevelt, der britische Premierminister Winston Churchill und Tschiang Kai Schek hatten sich bei ihrem Treffen in Kairo am 26. November 1943 „eingedenk der Versklavung des koreanischen

National Archives II, College Park, Maryland

Die japanische Flagge wird eingeholt.

National Archives II, College Park, Maryland

Kairo, 26. November 1943 (v. l.): Der chinesische Regierungschef Tschiang Kai Schek, US-Präsident Franklin D. Roosevelt und der britische Premierminister Winston Churchill. Sie sprechen sich „eingedenk der Versklavung des koreanischen Volkes“ für die Errichtung eines freien und unabhängigen Korea „zu gegebener Zeit“ aus.

Volkes“ für die Errichtung des freien und unabhängigen Korea „zu gegebener Zeit“ ausgesprochen. Wie war die Lage bei Kriegsende in Korea?

Nach dem Abwurf der Atombomben auf Hiroshima und Nagasaki war der Krieg gegen Japan praktisch beendet. Die Rote Armee war Anfang August an der Ostküste Koreas 80 Kilometer nach Süden vorgestoßen. Bei den USA gab es zu diesem Zeitpunkt keine konkreten Pläne hinsichtlich der zukünftigen Behandlung Koreas; sie hatten auch noch keine Truppen dort (die kamen erst am 8. September). Es ging zunächst nur um die Entwaffnung der Japaner in Korea, im Norden durch die Sowjets, im Süden durch die Amerikaner. Die Frage war, an welcher Linie das stattfinden sollte. Dies wurde in der Nacht vom 10. auf den 11. August 1945 im Pentagon festgelegt. Zwei Mitarbeiter hatten dafür genau 30 Minuten Zeit. Zunächst wollten sie sich an den Provinzgrenzen orientieren, die Karte, die ihnen zur Verfügung stand, war jedoch dafür nicht geeignet, sie war schlicht zu klein. So entschlossen sie sich kurzerhand, den 38. Breitengrad, der Korea in etwa halbierte, als Demarkationslinie vorzuschlagen.

Mitte August 1945 akzeptierte Stalin den amerikanischen Vorschlag. Wie im geteilten Deutschland verfestigte sich die Demarkationslinie bald zur Systemgrenze. Auf ihrer Konferenz in Moskau am 27. Dezember 1945 beschlossen die Außenminister Ernest Bevin (Großbritannien), W. Molotow (Sowjetunion) und James Byrnes (USA) zwar die Einrichtung einer sowjetisch-amerikanischen Kommission zur Bildung einer gesamtkoreanischen Regierung, nach ergebnislosen Verhandlungen vertagte sich diese Kommission aber am 6. Mai 1946 auf unbestimmte Zeit. Im Juni 1946 legte Edwin Pauley, der US-Vertreter in der Alliierten Reparationskommission, Präsident Truman dann einen Bericht vor, in dem es u. a. hieß:

„Offen gesagt beunruhigt mich unsere Position in Korea sehr. [...] Die Handlungen der Russen lassen klar erkennen, dass sie nicht nur nicht die Absicht hegen, sich in naher Zukunft aus Korea zurückzuziehen, sondern vielmehr beabsichtigen, ihre Herrschaft in Nordkorea zu befestigen.“

Genauso kam es. Kim Il-sung, der von sich einmal gesagt hatte, Stalins Befehl sei Gesetz für ihn, errichtete im Norden ein kommunistisches Regime, im Süden Syngman Rhee eine Herrschaft, die nicht unbedingt demokratisch genannt werden konnte.

Alle Bemühungen um eine baldige Wiedervereinigung des Landes scheiterten in der Folgezeit. Im September 1947 beschloss die UNO-Vollversammlung, eine UNO-Kommission einzusetzen, die freie und geheime Wahlen für ganz Korea überwachen sollte. Dieser Kommission wurde jedoch Anfang 1948 die Einreise nach Nordkorea verweigert. Die Folge war die endgültige Spaltung des Landes. Im Mai 1948 fanden in Südkorea Wahlen statt, die weder als frei noch als geheim bezeichnet werden konnten. Syngman Rhee rief am 15. August dennoch

National Archives II, College Park, Maryland

Auch Syngman Rhee in Südkorea will – wie Kim Il Sung in Nordkorea – die gewaltsame Wiedervereinigung des Landes. Die Amerikaner halten ihn zurück und verweigern die notwendigen Waffen.

die Republik Südkorea aus. Zehn Tage später fanden in Nordkorea Wahlen statt, die noch weniger demokratisch waren als jene im Süden und in deren Folge Kim Il-sung am 9. September 1948 die Demokratische Volksrepublik Korea ausrief. Beide Regierungen beanspruchten, der legitime Repräsentant ganz Koreas zu sein; beide Politiker forderten die Wiedervereinigung des Landes mit allen Mitteln; beide bauten unter Mithilfe der Sowjetunion bzw. der USA schlagkräftige Armeen auf.

Anders als in Deutschland zogen die Sowjets Ende 1949 ihre Truppen ab, die Amerikaner wenig später. Stalin glaubte wohl, die roten Revolutionäre würden auch ohne sowjetischen Schutzschirm siegen. Andererseits veranschlagte Washington den strategischen Wert der Halbinsel als sehr niedrig. Am

12. Januar 1950 nannte Außenminister Dean Acheson in einer Rede vor dem Nationalen Presseclub in Washington bei der Aufzählung der für die Sicherheit der USA wichtigen Gebiete im Fernen Osten zwar Japan und die Philippinen, nicht aber Formosa und Korea. Die Stabschefs hatten zwar einen Eventualplan für den Fall einer nordkoreanischen Invasion ausgearbeitet; er sah indes nur eines vor: die schnellstmögliche Evakuierung aller Amerikaner.

Wir wissen heute genau, wie es zum 25. Juni 1950 gekommen ist. Auch hier gilt wie für manch andere Aspekte des Kalten Krieges die Kurzformel: Am Anfang stand Stalin – wenn auch be- und gedrängt von Kim Il-sung. Wie Syngman Rhee wollte auch Kim die Wiedervereinigung, die nur mit Waffengewalt zu erreichen war. Er bat Stalin erstmals in Moskau am 7. März 1949 um entsprechende Zustimmung. Stalin war wie immer misstrauisch und auch zögerlich. Er bat Kim um Geduld; die Gelegenheit zur Vereinigung werde noch kommen.

Anfang Februar 1950 kam Stalin Kims Bitte nach, drei nordkoreanische Divisionen mit modernen Waffen auszurüsten. Am 9. Februar befahl der sowjetische Diktator, mit den Vorbereitungen für einen Überfall zu beginnen. Was hat ihn zu dieser Sinnesänderung veranlasst? Vom 30. März bis 15. April 1950 war Kim wieder in Moskau. Es gibt eine sowjetische Aufzeichnung der Gespräche, die Stalin und Kim führten. Stalin sprach da von der „verbesserten internationalen Lage“. Damit meinte er in erster Linie den Sieg Maos in China; Mao, so Stalin, könne notfalls sogar Truppen nach Korea schicken. Wichtig war wohl auch die Rede von Acheson vom 12. Januar 1950. Und Stalin hatte „seine“ Atombombe, und in Deutschland gab es inzwischen die DDR.

Kim versicherte dem sowjetischen Diktator, dass die Nordkoreaner Südkorea innerhalb von drei Tagen überrennen würden, kommunistische Sympathisanten würden sich dann im Süden erheben und die Befreier willkommen heißen; alles würde so schnell gehen, dass die USA keine Zeit zum Eingreifen hätten, falls sie sich dafür entscheiden sollten. Stalin machte seine Zustimmung zum Angriff von einer entsprechenden Zusicherung der Chinesen abhängig, die Nordkoreaner zu unterstützen: Stalin wörtlich: „Falls euch die Amerikaner niedermachen, werde ich keinen Finger rühren. Ihr müsst Mao um Hilfe bitten."

Vom 13. bis 16. Mai 1950 besuchte Kim Peking und präsentierte Mao seinen Angriffsplan. Mao war skeptisch und verwies auf die Möglichkeit eines amerikanischen Eingreifens. Aber schließlich stimmte auch er zu, offensichtlich aus zwei Gründen: Zum einen plante er selbst die Invasion Taiwans und hatte um sowjetische militärische Unterstützung gebeten. Stalin hatte das anfangs aus Furcht, damit die Amerikaner zu provozieren, ausgeschlossen. Während des Besuchs von Mao in Moskau einige Wochen zuvor – möglicherweise als Reaktion auf die Erklärung Achesons vom Januar – hatte er aber seine Meinung geändert und die Chinesen ermuntert. Angesichts dieser Meinungsänderung Stalins konnte Mao sich wohl kaum gegen Kims Pläne aussprechen, ohne bei Stalin eine mögliche Sinnesänderung mit Blick auf Taiwan hervorzurufen. Und Kim konnte er seine Bitte wohl kaum abschlagen, nachdem nordkoreanische Truppen gegen Tschiang Kai Schek gekämpft hatten und Nordkorea während des Bürgerkrieges in China 1946 bis 1949 als strategische Basis für seine Truppen gedient hatte.

Am 10. Juni gab Stalin Kim endgültig grünes Licht für den Angriff. Um seine Verantwortung für die Nachwelt zu vertuschen, setzte er die Unterschrift von Andrej Gromyko, damals stellvertretender Außenminister, unter das entsprechende Telegramm. Gleichzeitig forderte er eine „Geschichte" für die Nachwelt. Die konnte man dann in offiziellen sowjetischen Militärenzyklopädien nachlesen: aus einem kommunistischen Überfall wurde eine Verteidigungsaktion, um einen amerikanischen Angriff zurückzuschlagen. Diese Version galt bis zum Ende der Sowjetunion im Jahre 1991 – und gilt in Nordkorea immer noch.

Oktober 1950: Das Überschreiten des 38. Breitengrades

Nachdem es mit Hilfe aus den USA eingeflogener Elitesoldaten gelungen war, im Südosten Koreas bei Pusan einen Brückenkopf zu bilden, begannen in Washington Planungen. Durch Einsatz massiver Kräfte sollte nicht nur die militärische Wende herbeigeführt, sondern der 38. Breitengrad überschritten und

Süddeutsche Zeitung Photo/Süddeutsche Zeitung, 00100806

Mit den Fahnen Koreas, der Vereinten Nationen und der USA wird ein US-Truppentransporter im einem koreanischen Hafen empfangen, 1950.

National Archives II, College Park, Maryland

Seoul, 29. September 1950: der Held des Pazifikkrieges und Oberkommandierender der Truppen in Korea, General Douglas MacArthur, übergibt dem Präsidenten Südkoreas, Syngman Rhee (rechts), die befreite Hauptstadt.

Korea vereint werden. Am Beginn dieses Unternehmens stand die Operation *Chromite*, die amphibische Landung in Inchon, dem Hafen von Seoul, im Rücken der Kommunisten, die MacArthur gegen den Rat der Stabschefs und der meisten seiner Kommandeure durchführte, die eine solche Operation für undurchführbar hielten. Und in der Tat ist Inchon schwieriges Gelände: bei Ebbe zieht sich das Wasser fünf Kilometer zurück, bei Flut erreicht es eine Höhe von 11 Metern. Entsprechend hoch waren die Kaimauern.

Am 15. September lief die Operation mit 230 Schiffen und 70.000 Mann an. Die Überraschung war perfekt, das Unternehmen wurde zu einem einzigartigen Erfolg und brachte die Wende im Koreakrieg. Am 28. September wurde Seoul befreit, am 29. die Regierung Syngman Rhee feierlich wieder eingesetzt. Gleichzeitig brach die 8. Armee aus dem Kessel von Pusan aus und stieß nach Norden vor. Die Kommunisten waren verloren. Von nun an befanden sich die UN-Truppen auf dem Vormarsch. Der große Sieger hieß MacArthur. Inchon hatte ihn, den einzigen Fünf-Sterne-General der Armee, fast unangreifbar gemacht. War er vorher schon als Held und großer Stratege gefeiert worden, so wurde er jetzt der „Hexenmeister von Inchon" („*sorcerer of Inchon*") genannt – während seine Vorgesetzten in Washington als Zauderer und Zögerer dastanden. Von deren Befehlen hielt MacArthur von nun an wenig bis gar nichts, wenn sie nicht seinen Vorstellungen entsprachen. Und das sollte zu weitreichenden Konsequenzen führen.

Als nach Inchon weder Rotchina noch die Sowjetunion eingriffen, fiel in Washington die endgültige Entscheidung zum Überschreiten des 38. Breitengrades. Am 27. September erhielt MacArthur die entsprechende Direktive. Zwei Tage später erteilte ihm der neue Verteidigungsminister George Marshall freie Hand für den Vormarsch nach Norden. Erst am 7. Oktober gab es eine entsprechende Entscheidung der UNO-Vollversammlung. Am selben Tag überschritten US-Truppen den 38. Breitengrad.

Obwohl es in den folgenden Tagen Hinweise für ein Eingreifen Chinas gab, hielt die CIA dies nicht für möglich. Sie nannte gewichtige Gründe gegen eine Intervention. Die chinesischen Kommunisten, so hieß es da, schreckten zweifelsohne vor den Konsequenzen eines Krieges mit den USA zurück. Die innenpolitischen Probleme Chinas seien so groß, dass die Wirtschaft durch ein militärisches Eingreifen in Korea gefährdet würde. Die antikommunistischen Kräfte im Lande würden dadurch ermutigt und die Existenz des gesamten kommunistischen Regimes aufs Spiel gesetzt. Eine offen durchgeführte Intervention würde außerdem die Chancen auf Mitgliedschaft in der UNO und im Weltsicherheitsrat auf Null reduzieren und ohne die Unterstützung durch sowjetische Luft- und Seestreitkräfte zu ungeheuren Verlusten an Menschen führen. Eine solche Unterstützung sei jedoch nicht sicher, da dies eine

National Archives II, College Park, Maryland

Wake Island, 15. Oktober 1950, Treffen zwischen US-Präsident Harry S. Truman und General Douglas MacArthur, dem „Hexenmeister von Inchon", auf der kleinen Insel im Pazifik. MacArthur, „Gottes rechte Hand" (Truman), beruhigt den Präsidenten: die Chinesen werden nicht eingreifen, und falls doch, „werden wir sie abschlachten."

sowjetische Intervention mit all den bekannten Konsequenzen darstellen würde. Außerdem würde Peking durch massive sowjetische Hilfe noch abhängiger von Moskau werden und der sowjetische Einfluss in der Mandschurei in einem für die Chinesen unerträglichen Maß anwachsen. Aus Sicht der CIA kam hinzu, dass vom militärischen Standpunkt aus der günstigste Zeitpunkt für eine Intervention längst vorüber war.

Truman hielt es dennoch für notwendig, persönlich mit MacArthur – „Gottes rechte Hand", wie er ihn intern nannte – zu konferieren. Am 15. Oktober kam es auf Wake Island im Pazifik zu jener spektakulären Zusammenkunft, die Truman mit dem beruhigenden Gefühl verließ, dass es tatsächlich keine chinesische Gefahr gab. Den besten Zeitpunkt zum Eingreifen hätten die Chinesen verpasst, so MacArthur. Würden sie es trotzdem versuchen, „werden wir sie abschlachten" („*we will slaughter them*"). Nach nur drei Stunden waren die Besprechungen zu Ende. Als Truman die „*Independence*" bestieg, wünschte MacArthur „*happy landing*". Ein zweites Gespräch sollte es nicht mehr geben. Truman und MacArthur trafen nie mehr zusammen.

Die CIA war davon überzeugt, dass die Sowjetunion nur eingreifen würde, wenn Stalin beschlossen habe, Korea zum Anlass eines globalen Angriffs auf die USA zu nehmen, was für unwahrscheinlich gehalten wurde. Nach dem Treffen von Wake Island hielt die grenzenlose Siegeszuversicht bei den Amerikanern denn auch unvermindert an. Am 19. Oktober wurde Pjöngjang eingenommen, am 24. Oktober erteilte MacArthur den Befehl, an den Yalu, den Grenzfluss zu China, vorzustoßen.

Zwei Tage später allerdings wurde eine südkoreanische Division, die den Yalu erreicht hatte, im Nahkampf mit Chinesen fast vollständig aufgerieben. War dies der Beginn einer offenen Intervention Pekings in Nordkorea? MacArthur stoppte seine Offensive jedoch nicht. Für ihn gab es nach wie vor keinen Grund zur Beunruhigung. Ein Eingreifen Chinas hielt er nach wie vor für unwahrscheinlich. Er wollte das Problem zunächst auf seine Weise lösen: am 5. November befahl er einen zweiwöchigen Einsatz der Luftwaffe: mit Ausnahme einiger Staudämme sollten am Yalu alle Brücken, Nachschublinien und militärische Einrichtungen, Fabriken, Städte und Dörfer zerstört werden.

Zwei Stunden vor dem Start der B-29 Bomber in Japan wurden Pentagon und State Department von dem geplanten Angriff, bei dem notwendigerweise auch zum ersten Mal chinesisches Territorium bombardiert worden wäre, unterrichtet. Eine nicht kalkulierbare Eskalation des Krieges musste aus Sicht Washingtons aber verhindert werden. 40 Minuten später erhielt MacArthur den Befehl, alle Angriffe innerhalb einer Fünf-Meilen-Zone entlang der chinesischen Grenze zu stoppen und über die militärische Lage Bericht zu erstatten – was er unter heftigem Protest tat. Sein Bericht klang dramatisch. Demnach strömten aus der Mandschurei Menschen und Material in großen Mengen über sämtliche Yalu-Brücken: „Diese Bewegungen setzen die unter meinem Befehl stehenden Streitkräfte einer großen Gefahr, unter Umständen einer vernichtenden Niederlage aus.“ Die einzige Möglichkeit, dies zu verhindern, liege in der „Zerstörung dieser Brücken sowie der maximalen Bombardierung aller feindlichen Stützpunkte im nördlichen Raum. Jede Stunde Verzögerung muss mit dem Blut unserer und der verbündeten Soldaten teuer bezahlt werden.“

Er verlangte eine sofortige Überprüfung des Befehls, der dann auch erstaunlicherweise zurückgenommen wurde. Um Peking und Moskau aber keinen Grund zum Eingreifen zu geben, sollten keine Staudämme bombardiert und ledig-

National Archives II, College Park, Maryland

Der Yalu: Am 21. November 1950 erreichen die ersten amerikanischen Soldaten den Grenzfluss zwischen Nordkorea und der Mandschurei.

lich die koreanische Seite der Brücken zerstört werden, d. h. auf keinen Fall Territorium oder Luftraum Rotchinas verletzt werden. MacArthur war nicht zufrieden. Man könne die koreanische Hälfte einer Brücke nicht zerstören, ohne chinesischen Luftraum zu verletzen. Sein Kommandeur der Luftwaffe, George Stratemeyer, stellte klar: „Das geht nicht! Und Washington muss wissen, dass das nicht geht." Am 9. November tagte daraufhin der Nationale Sicherheitsrat in Washington. Ergebnis: MacArthur solle sich frei fühlen, das zu tun, was er militärisch tun könne, „aber ohne die Mandschurei zu bombardieren".

Zu diesem Zeitpunkt schien die akute chinesische Gefahr plötzlich vorüber zu sein. Die Chinesen schienen verschwunden zu sein, lediglich kleinere Gruppen Nordkoreaner leisteten Widerstand. Die UNO-Truppen setzten beinah ungehindert ihren Vormarsch fort. Am 21. November standen die ersten Amerikaner am Yalu, am 24. November befahl MacArthur die Endoffensive „*Home by Christmas*": Weihnachten sollte alles vorbei sein.

Fast zur gleichen Stunde startete Rotchina seinen Gegenangriff. Der CIA war einer ihrer schwersten Fehler unterlaufen: Mehr als 200.000 Chinesen hatten nämlich unbemerkt den Yalu überquert, mehr als 300.000 stießen jetzt nach. Sie hatten mit dem Angriff am Freitag, 24. November, begonnen, einen Tag nach *Thanksgiving*, und trieben die völlig überraschten Amerikaner in Scharen nach Süden. Bei der 8. US-Armee im Westen spielten sich erschreckende Szenen ab. Lediglich die Marines des X. Corps im Osten – die „Ledernacken" – leisteten Widerstand.

Statt des von MacArthur versprochenen Endsieges standen die USA vor der schwersten militärischen Niederlage ihrer Geschichte, die später nur noch von dem Debakel in Vietnam übertroffen werden sollte. Am 28. November schickte MacArthur ein inzwischen berühmtes Telegramm nach Washington, in dem er die Stabschefs über das, was in Korea ablief, mit folgender Feststellung unterrichtete: „Wir sehen uns einem völ-

National Archives II, College Park, Maryland

Nach dem Eingreifen der Chinesen: Die 8. US-Armee auf dem längsten Rückzug in der amerikanischen Militärgeschichte

lig neuen Krieg gegenüber." („*We face an entirely new war.*") Das Ziel der Chinesen sei klar:

„Die völlige Vernichtung der UNO-Truppen in Korea. Und es ist auch klar, dass die Truppen, die mir zur Verfügung stehen, nicht ausreichen, um in diesem unerklärten Krieg zu bestehen. Das Ergebnis ist weltweit eine ganz neue Situation, wo der Oberkommandierende hier nicht mehr entscheiden kann."

Das Telegramm wurde um 4:46 Uhr im Pentagon empfangen, um 6:15 Uhr rief der Vorsitzende der Staatschefs, Omar Bradley, Präsident Truman an und teilte mit, er habe eine „furchtbare Nachricht" von MacArthur erhalten.

Entscheidungen in Moskau und Peking

Dank der Forschungen amerikanischer, sowjetischer und chinesischer Kollegen wissen wir inzwischen ziemlich genau, was sich damals in Moskau und Peking abspielte. Zwei Dinge sind in diesem Zusammenhang wichtig:

1. Mao betrachtete die Amerikaner als Aggressoren und Korea als möglichen Sprungbrett für einen amerikanischen Angriff gegen sein Land.
2. Bei allen Entscheidungen war wieder einmal Stalin der entscheidende Mann.

Bereits Ende Juli hatte Stalin den Vorschlag gemacht, dass Mao neun Divisionen an der Grenze zu Korea stationieren sollte, „falls der Feind den 38. Breitengrad überqueren würde“. Er werde Luftunterstützung für diese Einheiten zur Verfügung stellen. Die Rede war von 122 MiGs, die im August in der Mandschurei stationiert wurden. Zur gleichen Zeit ging man im Politbüro in Peking davon aus, dass zwölf chinesische Armeen entlang des Yalu stationiert werden sollten. Anfang August meinte Mao im Politbüro: „Falls die amerikanischen Imperialisten den Krieg gewinnen, werden sie noch arroganter und uns bedrohen.“

Am 29. September bat Kim Stalin um Hilfe. Der schickte jedoch keine Truppen, sondern lediglich Material (später dann allerdings MiG-Jäger, mit nordkoreanischem Hoheitszeichen, aber sowjetischen Piloten). Am 1. Oktober bat Kim Mao um Intervention. Wir wissen heute, dass Mao bereits zu diesem Zeitpunkt den Entschluss gefasst hatte, in den Krieg einzugreifen. Seine Generäle hatten ihm einen Sieg vorausgesagt, angesichts amerikanischer Truppen, die politisch wenig motiviert seien, keine Nachtangriffe durchführen könnten, taktisch unflexibel seien, Angst vor dem Sterben und überlange Verbin-

National Archives II, College Park, Maryland

Mao Tse Tung. Der Führer der Volksrepublik China hatte bereits am 1. Oktober 1950 beschlossen, in den Krieg einzugreifen. Seine Generäle hatten ihm einen Sieg vorausgesagt. Wenig später wird sein Sohn bei einem Luftangriff auf Pjöngjang getötet.

dungswege über den Pazifik hätten. Für Mao würde ein Sieg in Korea auch seine Position in China selbst konsolidieren.

Am 6. Oktober drängte Stalin Mao, in den Krieg einzutreten, auch auf die Gefahr hin, damit den Dritten Weltkrieg auszulösen. Und er stellte die rhetorische Frage: „Müssen wir Angst davor haben?“, um selbst die Antwort zu geben:

„Nein. Zusammen sind wir stärker als die USA und Frankreich. [...] Falls der Krieg unvermeidlich ist, dann soll er jetzt geführt werden und nicht erst in späteren Jahren, wenn Japan als Verbündeter der USA militärisch wieder auf die Beine gekommen ist und die beiden Länder ganz Korea unter Syngman Rhee als Brückenkopf benutzen können.“

Zwei Tage später fuhr Ministerpräsident Tschou En-Lai in die Sowjetunion, wo er mit Stalin am 10. Oktober in dessen

National Archives II, College Park, Maryland

Mitte Oktober 1950: Erstmals nehmen die Amerikaner chinesische „Freiwillige“ gefangen. Greift das kommunistische China in den Koreakrieg ein?

Datscha am Schwarzen Meer Einzelheiten der militärischen Operation ausarbeiten wollte. Stalin war jetzt vorsichtig und machte einen Rückzieher: möglicherweise könne er überhaupt keine Hilfe zur Verfügung stellen und höchstens den Luftraum über China sichern, nicht aber der vorrückenden chinesischen Armee Luftunterstützung geben. Er befürchtete offensichtlich einen direkten Zusammenstoß mit amerikanischen Truppen und wollte keinen Krieg mit den USA riskieren, für den sein Land – noch – nicht vorbereitet sei. Immerhin stimmte er zu, 20 chinesische Divisionen auszurüsten, Luftunterstützung könne er aber erst zwei bis zweieinhalb Monate nach Eintritt Chinas in den Krieg leisten.

Mao betrachtete Stalins wenig klare Zusage als Verrat, dies auch mit Blick auf den wenige Monate zuvor geschlossenen Bündnisvertrag. Er stoppte daraufhin alle Vorbereitungen für eine Intervention in Korea. Ohne chinesische Hilfe würde

Nordkorea allerdings zusammenbrechen. Stalin erkannte, dass Mao nur bluffte: am 12. Oktober befahl er Kim, sich hinter die chinesische Grenze zurückzuziehen und eine Exilregierung in der Mandschurei zu bilden. Das hätte bedeutet, dass amerikanische Truppen an der chinesischen Grenze stehen würden – ohne dass Mao eingegriffen hatte. Das war für Mao nicht hinnehmbar, und so gab er nach. Am 18. Oktober befahl er seinen Truppen, in den Krieg einzutreten. Am nächsten Tag überquerten die ersten von 250.000 Chinesen – „Freiwillige", wie Peking sie nannte – den Yalu, auch ohne sowjetische Luftunterstützung. Am 25. Oktober begannen die Chinesen mit ihren Kämpfen gegen südkoreanische Truppen und trieben sie vom Yalu zurück. Als MacArthur seine Schlussoffensive begann, befahl General Peng Dehusai seinen Truppen den Rückzug, um auf die beste Gelegenheit zum Gegenschlag zu warten. Die bot sich Ende November, als die Amerikaner Thanksgiving feierten.

National Archives II, College Park, Maryland

Am 1. Januar 1951 beginnt die dritte Offensive der Chinesen. Die 8. US-Armee überquert erneut den 38. Breitengrad – diesmal aber in die andere Richtung.

Begrenzter Krieg oder Einsatz der Atombombe?

Seit MacArthurs Telegramm vom 28. November herrschte Krisenstimmung in Washington. Überlegungen für den möglichen Einsatz der Atombombe wurden jetzt konkreter. Das Pentagon legte unmittelbar nach Eingang des Telegramms eine 14 Punkte umfassende Liste möglicher Maßnahmen vor, in der es u. a. hieß, die USA sollten nunmehr alle notwendigen Schritte unternehmen, um sicherzustellen, „dass die Atombombe sofort gegen die chinesischen Kommunisten eingesetzt werden kann, entsprechend dem Befehl des Präsidenten, wenn bzw. falls dieser kommt."

Die Liste war für die von Truman einberufene Sondersitzung des Nationalen Sicherheitsrates gedacht, die am selben Tag um 15:00 Uhr im Weißen Haus begann. Es war dies wohl eine der wichtigsten Sitzungen des Nationalen Sicherheitsrats während der gesamten Truman-Ära. Es ging um die entscheidende Frage: Ausweitung oder Begrenzung des Krieges? Wie die Stimmung in der Runde war, machte die Bemerkung eines Teilnehmers deutlich: Es sei wichtig, so schnell wie möglich militärisch wieder stark zu werden, auch wenn man dafür auf solche Sachen wie Kühlschränke und Fernseher verzichten müsse. George Marshall meinte, MacArthurs Offensive sei wohl nötig gewesen, um herauszufinden, was die Kommunisten vorhatten: „Jetzt wissen wir es." Gleichzeitig plädierte er mit Nachdruck dafür, den Krieg um jeden Preis zu begrenzen. Eine Ausweitung gegen China würde bedeuten, dass man „in die von den Sowjets sorgfältig vorbereitete Falle läuft". Es gehe darum, sich nicht noch tiefer in die Angelegenheiten Koreas zu verstricken und einen „ehrenvollen Ausweg" aus dem Dilemma zu finden („*to get out with honor*"). Von einem möglichen Einsatz der Atombombe war in diese Sitzung nicht die Rede.

Am 1. Dezember folgte eine weitere Krisensitzung. Da wurde die Frage gestellt, was geschehen würde, falls Rotchina seine Luftwaffe – 300 Flugzeuge, davon 200 Jagdflugzeuge sowjetischer Bauart, zwar mit chinesischen Hoheitszeichen, aber sowjetischen und polnischen Piloten – einsetzte (allerdings nur mit sowjetischer Zustimmung). In dem Fall, so Acheson, müsse man zurückschlagen. Das aber würde Krieg mit der Sowjetunion bedeuten: „Wir würden vom Regen in die Traufe kommen." Falls die Sowjets die Chinesen massiv unterstützen würden und man die Truppen evakuieren müsse, würde das wohl der große Krieg sein. Für diesen Fall, so der Stabschef der Armee, General J. Lawson Collins, „müssten wir den Einsatz oder die Drohung mit der Atombombe in Erwägung ziehen".

Am selben Tag legte Edmund Clubb, der anerkannteste China-Experte im State Department, seine Analyse vor: „Moskau will die Zerstörung der USA, und Korea ist nur ein Teil einer größeren Operation, die Moskau im weltweiten Kampf gegen uns geplant hat." Der Aufbau von Flugplätzen in China lasse nur einen logischen Schluss zu: Es würden Vorbereitungen getroffen, um diese Flugplätze für die sowjetische Luftwaffe zu nutzen. Für den Fall einer Ausweitung des Krieges würden die Kommunisten neue Operationen gegen Korea und Japan gleichzeitig starten: sowjetische Invasion mit Luftlandetruppen auf der Insel Hokkaido. Möglich seien auch chinesische Operationen in Indochina, Hongkong, den Philippinen, Thailand und Burma. Diese Aktionen könnten auf Europa und die BRD und oder den Iran ausgedehnt werden. Wenn die Sowjets Japan oder die BRD angreifen würden, dann würden sie wahrscheinlich auch Industrieanlagen und Verwaltungszentren in den USA angreifen. Die USA aber seien zurzeit nicht in der Lage, sowjetische Luftlandetruppen, die über Alaska und/oder Kanada vorstoßen würden, zurückzuschlagen: „Das nächste Pearl Harbor kommt möglicherweise noch überraschender als das erste."

Die Lage war ernst. Zum einzigen (und bislang letzten) Mal in der Geschichte der USA rief Truman am 16. Dezember 1950 den nationalen Notstand aus, der u. a. staatliche Eingriffe ins Wirtschaftsgefüge und eine massive militärische Aufrüstung ermöglichte. Die Zahl der Streitkräfte würde um 1 Million auf 3,5 Million Mann erhöht werden, der Rüstungshaushalt für das Jahr 1951 von 13,5 auf 52 Milliarden Dollar vervierfacht. Gleichzeitig ernannte Truman General Dwight D. Eisenhower zum Oberkommandierenden der NATO. Am Abend zuvor hatte er sich im Rundfunk an die amerikanische Nation gewandt und u. a. erklärt: „Unsere Heimstätten, unsere Nation und alles, was uns teuer ist und woran wir glauben, sind in großer Gefahr.“ Er machte dafür die Sowjetunion verantwortlich, die versucht habe, „eine freie Nation nach der anderen zu überwältigen“. Eine weitere Konsequenz betraf die Bundesrepublik Deutschland: Am 19. Dezember wurde die Wiederbewaffnung genehmigt.

Inzwischen ging im Westen Koreas der Rückzug der 8. US-Armee – „der längste Rückzug in der amerikanischen Militärgeschichte“, wie der amerikanische Historiker David McCullough das genannt hat – unter unsagbaren Opfern weiter, während sich im Osten die „Ledernacken“ durchkämpften. Ende Dezember 1950/Anfang Januar 1951 trat der Krieg in eine dramatische Phase sein. In Washington wurde jetzt nämlich von einigen Militärs zum ersten Mal die Möglichkeit nicht ausgeschlossen, dass der „große Krieg“ der bessere Weg zur Lösung der Krise war. Am 20. Dezember hieß es, ein Rückzug aus Korea werde dem Prestige der USA in Asien und der übrigen Welt einen „nicht wieder gutzumachenden Schaden“ zufügen und das Ansehen der UNO zerstören. Vier Tage später forderte MacArthur den Einsatz von 24 Atombomben – und erhielt als Antwort die Direktive der Stabschefs, Korea solle ein „begrenzter Krieg“ bleiben. MacArthur wurde angewiesen, die Stellung so weit wie möglich zu halten. Wenn das zu unerträglichen Verlusten führe, müsse Korea geräumt werden. Der Fünf-Sterne-General stellte sich das ganz anders vor. Er wollte die Ausweitung des Krieges, hatte sie immer gewollt. Am 30. Dezember ging er einen Schritt weiter und forderte jetzt den Abwurf von 34 Atombomben auf chinesische Städte. Die Ziele lieferte er gleich mit. Inzwischen hatten die Chinesen ihre Frühjahrsoffensive gestartet und eroberten am 4. Januar Seoul, das zum zweiten Mal aufgegeben werden musste.

Am 12. Januar fand eine weitere Sondersitzung des Nationalen Sicherheitsrates statt. Das *National Security Resources Board* legte einen Bericht vor, dessen Kernpunkt lautete: „Das Überleben der USA und der Vereinten Nationen wird unmittelbar von einer kommunistischen Aggression bedroht." Es gehe in diesem Krieg „um das Überleben der USA".

Dieses Memorandum wurde in der Sitzung offensichtlich nicht behandelt. Als Reaktion legten allerdings die Staatschefs ein 16 Punkte-Programm für die Sitzung des Nationalen Sicherheitsrats am 17. Januar vor, dass sich in wichtigen Punkten den Forderungen von MacArthur näherte, u. a. Bombardierung Chinas, Vorbereitung einer Blockade und Einsatz von Nationalchinesen in Rotchina. Als Marshall in dieser Sitzung den Vertreter des *National Security Resource Boards* fragte, wann man etwas gegen das kommunistische China unternehmen werde, kam die Antwort: „Jetzt." Er beharrte auf der Position vom 12. Januar: Bombardierungen, wenn es „militärisch ratsam" sei – die gleiche Haltung, die auch MacArthur eingenommen hatte.

Eine Einigung war nicht möglich – und dann auch nicht mehr nötig. Am Vormittag des 17. Januar kabelte der Stabschef der Armee, General Joseph L. Collins, als Ergebnis seiner Inspektionsfahrt in Korea nach Washington: „ Die 8. Armee ist in guter, ständig besser werdender Verfassung. Ihre Moral ist sehr zufriedenstellend; sie hat neue Stellungen bezogen und ist in der Lage, bei jedem Großangriff erfolgreich zurückzuschlagen."

Die Entlassung MacArthurs

Die militärische Entwicklung in Korea ersparte Washington die bittere Entscheidung zwischen einer von den Kommunisten erzwungenen Aufgabe Koreas und dem offenen Krieg gegen Rotchina mit Einsatz der Atombombe und damit womöglich gegen die Sowjetunion. Korea blieb ein begrenzter Krieg.

MacArthur sah das nach wie vor anders. Auf die Frage der Stabschefs, welche Kräfte er brauche, um den 38. Breitengrad zu halten, antwortete er, Korea habe keine andere Grenze als den Yalu. Für ihn entschied sich das Schicksal der „freien Welt" in Asien, nicht in Europa: in Asien musste seiner Meinung nach der „totale Krieg" gegen den Kommunismus geführt werden. Die Kommunisten hatten den Krieg provoziert, nicht die USA. Am 11. Februar forderte erneut den Einsatz der Atombombe – mindestens die radioaktive Verseuchung der Grenzregion zur Mandschurei –, die Bombardierung Rotchinas, sodass das Land auf Generationen keinen Krieg mehr führen könne, und den Einsatz national-chinesischer Truppen sowohl in Korea als auch auf dem chinesischen Festland. Dann wollte er an beiden Küsten Nordkoreas mit Luftlandetruppen und amphibischen Landungen vorstoßen; damit würde „eine gigantische Falle zuschnappen". Es sollte so etwas sein „wie Inchon, nur noch größer". Die Stabschefs winkten ab. MacArthur protestierte, die Truppe sei andernfalls in Gefahr. General Collins hatte inzwischen andere Berichte nach Washington geschickt. Die Truppe war nicht in Gefahr – im Gegenteil: es gab neue Erfolge unter General Matthew B. Ridgway, dem Kommandeur der 8. Armee. Mit der Operation *„Ripper"* Mitte März war Seoul zurückerobert worden. Weitere erfolgreiche Unternehmen folgten.

Am 20. März unterrichteten die Stabschefs MacArthur von der Absicht Präsident Trumans, Waffenstillstandsverhandlungen einzuleiten. MacArthur hatte nach wie vor andere Vorstellungen – und reagiert entsprechend. Sein Versuch, Trumans Politik zu torpedieren, war der Tropfen, der beim Präsidenten das Fass zum Überlaufen brachte.

Seit dem Eingreifen der Chinesen im November 1950 war MacArthurs Stern in Washington im Sinken begriffen. Truman fühlte sich persönlich hintergangen – vor allem mit Blick auf die Äußerungen des Generals beim Treffen mit ihm auf Wake Island im Oktober, der Krieg sei im Prinzip gewonnen, Chinesen würden nicht eingreifen, und wenn doch, würden sie vernichtet.

Seit der Wende in Korea schwelte ein schwerer Konflikt zwischen Politik und Militär. Wiederholt hatte MacArthur, der, wie er später genannt wurde, „amerikanische Caesar", Politikern und Militärs in Washington falsche Lagebeurteilung geliefert. Wiederholt hatte er sich eigenmächtig über Anweisungen aus Washington hinweggesetzt. Am 14. März veröffentlichte er eine Proklamation, in der er als Ziel die Wiedervereinigung Koreas nannte. Das war, so Truman, in seinen Erinnerungen, „die offene Auflehnung gegen die Befehle, die ich als Präsident und Oberster Befehlshaber erteilt hatte. Es war eine Herausforderung der mir verfassungsmäßig zukommenden Autorität." MacArthur war den entscheidenden Schritt zu weit gegangen. Truman schrieb später: „MacArthur ließ mir keine Wahl – eine solche Insubordination konnte ich nicht länger dulden."

Der 5. April brachte die Entscheidung. Der Abgeordnete Joseph Martin aus Massachusetts, Chef des rechten republikanischen Flügels im Repräsentantenhaus, hatte in einer Rede in Brooklyn am 12. Februar den Einsatz der Truppen Tschiang Kai-sheks in Korea gefordert, die Regierung wegen ihrer defätistischen Politik angegriffen und gefragt: „Warum sind wir in Korea – um zu gewinnen oder um zu verlieren? Wenn wir nicht gewinnen wollen, dann muss diese Regierung wegen des Tötens tausender amerikanischer Soldaten angeklagt werden."

Am 8. März hatte er eine Kopie seiner Rede an MacArthur geschickt und um dessen Meinung gebeten. Als die Stabschefs MacArthur am 20. März von Trumans Absicht betr. Waffenstillstandsverhandlungen unterrichteten, hatte er Martin noch am selben Tag geantwortet und ihm in allen Punkten recht gegeben – auch was den Einsatz der Formosachinesen betraf – und hatte dann ergänzt:

„Gewissen Kreisen scheint es merkwürdig schwer einzugehen, dass die kommunistischen Verschwörer hier in Asien den Haupteinsatz in ihrem Spiel um die Welteroberung gewagt und wir den uns auf diesem Schlachtfeld vor die Füße geworfenen Fehdehandschuh aufgenommen haben; dass wir hier Europas Krieg mit Waffen auskämpfen, während die Diplomaten ihre Schlacht dort nach wie vor mit Worten schlagen; dass der Fall Europas unvermeidlich ist, wenn wir in diesem asiatischen Krieg dem Kommunismus unterliegen, und dass Europa, falls wir ihn gewinnen, den Krieg höchstwahrscheinlich vermeiden und dennoch seine Freiheit bewahren wird. Wie Sie sagten, wir müssen siegen." Und dann kam der später immer wieder zitierte Satz: „Es gibt keinen Ersatz für den Sieg." (*„There is no substitute for victory."*)

Die amerikanische Führung aber wollte nicht in die ihrer Meinung nach vom Kreml aufgestellte gigantische Falle laufen und die Masse der eigenen Truppen in Korea bzw. Asien engagieren und Europa damit den Sowjets ausliefern. Mit den Worten von General Omar Bradley, dem Nachfolger MacArthurs: „Ein solcher Krieg wäre der falsche Krieg am falschen Ort zur falschen Zeit gegen den falschen Gegner." Der richtige Gegner war die Sowjetunion. Truman in seinen Erinnerungen: „Der Zeitpunkt war gekommen, den Schlusspunkt zu setzen." Am 5. April verlas Martin MacArthurs Brief im Repräsentantenhaus, am 10. April unterschrieb Truman das Entlassungsschreiben für den Fünf Sterne-General.

Am 17. April 1951 landete MacArthur nach 14 Jahren Abwesenheit von den USA in San Francisco. Am 19. April hielt er als erster General eine Rede vor beiden Häusern des Kongresses. Sie dauerte 34 Minuten und wurde 34 Mal durch Beifall unterbrochen. Die Reaktion war unbeschreiblich. Hände streckten sich ihm entgegen, viele Zuhörer brachen in Tränen aus. „Gott hat heute zu uns gesprochen. Gott ist Fleisch geworden, die

ullstein bild, 00844826

20. April 1951: Triumphfahrt MacArthurs in New York, wo mehrere Millionen Menschen die Straßen säumen. Die Konfettiparade besteht aus 2859 Tonnen Papier – viermal so viel wie bei General Dwight D. Eisenhower nach dessen siegreicher Rückkehr aus Europa 1945.

Stimme Gottes!“ schrie der republikanische Abgeordnete Dewey Short aus Missouri, ein ehemaliger Prediger. Als MacArthur in New York ankam, säumten mehrere Millionen Menschen die Straßen, mehr als bei Eisenhowers Rückkehr bei Kriegsende 1945. Im Waldorf Astoria Hotel lagen 150.000 Briefe und 20.000 Telegramme für ihn.

Schon bald begann man zu realisieren, dass der General dem Obersten Befehlshaber getrotzt hatte, dass er schriftlichen Befehlen nicht gehorcht hatte und dass Subordination von keinem Präsidenten geduldet werden konnte. Der Vorrang der politischen Führung vor dem Militär war sichergestellt. Allmählich trat Ernüchterung über MacArthur ein. Überlegungen der Republikaner, ihn zum Präsidentschaftskandidaten zu machen, wurden nicht weiter verfolgt. Kandidat wurde ein anderer General: Dwight D. Eisenhower.

Waffenstillstand oder Atomschlag?

Die USA wollten inzwischen den Krieg in Korea beenden und boten Waffenstillstandsverhandlungen an. Wir wissen inzwischen etwas über die Entscheidungen in Moskau und Peking, die letztlich zur Bereitschaft der Kommunisten führten, das Angebot anzunehmen.

Anfang Juni 1951 war die Frühjahrsoffensive der chinesischen „Freiwilligen" gescheitert; die Kommunisten hatten über 100.000 Tote zu beklagen. Als Reaktion darauf forderte Mao am 21. Juni von Stalin die Ausrüstung von weiteren 60 Divisionen bis zum Ende des Jahres. Stalins Antwort: „Das ist physisch unmöglich und vollkommen undenkbar." Es würde bis 1954 dauern, um eine solche Forderung zu erfüllen. Stalin war im Übrigen unzufrieden mit der chinesischen Ausbildung der Piloten: Mao wolle offensichtlich aus ihnen „Professoren machen, aber keine Piloten", wie er meinte. Am 14. Juni stimmte er Waffenstillstandsverhandlungen zu.

Die begannen am 10. Juli in Kaesong am 38. Breitengrad und wurden später in Panmunjom fortgesetzt. Dabei kam es vor, dass sich die Delegationen stundenlang schweigend gegenüber saßen. In der Folgezeit wurden die Verhandlungen mehrfach unterbrochen, wieder aufgenommen, wieder abgebrochen – ein Ritual, das sich über mehr als zwei Jahre hinzog, während der Krieg in den USA immer unpopulärer und die Zustimmung zu Trumans Politik immer geringer wurde.

Dabei gab es eine Lösung, um die Sache zu Ende zu bringen: die Hälfte der Amerikaner befürwortete den Einsatz der Atombombe. Anfang 1952 hegte Truman ähnliche Gedanken, die er seinem Tagebuch anvertraute: ein Ultimatum an die Sowjets, dass man innerhalb der nächsten zehn Tage die Küsten Chinas blockieren und jede Militärbasis in der Mandschurei, einschließlich der U-Boot-Basen, mit Atombomben zerstören und notfalls jede Stadt und jeden Hafen eliminieren würde. Nur durch den Abzug aller chinesischen Truppen aus Korea und die Beendigung der sowjetischen Waffenlieferungen an die Chinesen könne das noch verhindert werden. Truman schrieb weiter:

„Das bedeutet Weltkrieg. Das bedeutet das Ende von Moskau, St. Petersburg, Mukden, Wladiwostok, Peking, Shanghai, Port Arthur, Dairen, Odessa, Stalingrad, jeder Fabrik in China und der Sowjetunion. Das ist die letzte Gelegenheit für die Sowjets zu entscheiden, ob sie weiterleben wollen oder nicht.“

Eine ernsthafte Lösung war das für Truman allerdings nicht, und so blieb Korea der Schatten, der über seiner Regierung lag.

Rue des Archives/Tallandier/Süddeutsche Zeitung,02000762

Porträts von Joseph Stalin und Kim Il Sung, Nordkorea, Oktober 1952.

Wir wissen heute auch, dass es Stalin war, der die Beendigung des Krieges letztlich verhinderte. Kim Il Sung wollte ein Ende, aber auch Mao. Im August 1952 ließ Stalin ihnen mitteilen, dass der Krieg in Korea eine nützliche Form der Erziehung sei, in einem Krieg, der wenig koste, mit Ausnahme von Menschen, die entbehrlich seien. Stalin lieferte jene Waffen, die die Chinesen benutzten. Falls er die Waffenlieferungen stoppen sollte, würde die Gefahr einer Invasion durch Tschiang Kai Schek wachsen. Tschu En Lai bat Stalin um eine Garantie für weitere Hilfe, falls die Amerikaner den Krieg ausweiten würden. Stalin stimmte lediglich zu, sowjetische Truppen in Port Arthur als Abschreckung weiter stationiert zu halten. Den Amerikanern war damals nicht klar, daß es Stalin war, der an der Fortsetzung des Krieges interessiert war, um Mao weiter in Abhängigkeit zu halten.

Es gab allerdings noch einen anderen Grund für Stalins Haltung. Der sowjetische Diktator ging Anfang 1951 davon aus, dass es langfristig zum Krieg mit den USA kommen würde. Allerdings würden die Amerikaner seiner Meinung nach noch einige Jahre brauchen, um sich vorzubereiten. Sie hätten sich in Asien in eine Zwangslage gebracht und sich für zwei, drei Jahre gebunden. Diese Zeit müsse „geschickt genutzt werden", um „moderne und schlagkräftige" Armeen in den osteuropäischen Satellitenstaaten Moskaus aufzubauen, die nach drei Jahren „vollständig kampfbereit sein sollten".

In den Verhandlungen in Panmunjom wurde der Austausch der Kriegsgefangenen zur schwierigsten Frage. Von 170.000 gefangenen Nordkoreanern und Chinesen wollten nur 70.000 in ihre Heimat zurück. Die Kommunisten befürchteten einen Prestigeverlust und verlangten die Auslieferung aller Kriegsgefangenen, was die USA entschieden ablehnten.

Korea war *das* Thema im amerikanischen Präsidentenwahlkampf im Herbst 1952. Die Republikaner nannten dort als „oberstes Ziel" ihrer Außenpolitik einen „ehrenhaften und gerechten Frieden" in Korea. Ihr Kandidat, Eisenhower, sagte auf einer öffentlichen Wahlveranstaltung in Detroit einen Besuch in Korea zu, falls er gewählt werden würde. Das hieß wohl, er hatte einen Plan, den Krieg zu beenden. Er hatte zwar keinen, aber er wurde gewählt und besuchte im Dezember 1952 Korea in geheimer Mission. Nach seiner Amtseinführung ging es ihm darum, so schnell wie möglich den Krieg zu beenden. Die Kommunisten, d. h. Stalin, sahen das anders – und rührten sich nicht. Das wiederum führte auf amerikanischer Seite zu einer weitreichenden Entscheidung.

Im Frühjahr 1953 billigte die neue Administration einen Entwurf der Vereinigten Stabschefs, in dem zur Beendigung des Krieges die Ausweitung zum „großen Krieg" vorgesehen war: massive Angriffe gegen China, einschließlich der Mandschurei. Dabei sollten alle notwendigen Operationen unternommen werden, einschließlich „extensiver strategischer und taktischer Einsätze von Atombomben" – von denen die USA damals etwa 1000 besaßen –, um „maximale Überraschung und Wirkung" zu erzielen; dabei war man sich darüber im Klaren, dass das möglicherweise zu einem Krieg mit der Sowjetunion in Asien oder sogar zu einem Weltkrieg führen würde. Gleichzeitig sorgte man dafür, dass diese Entscheidung Washingtons den Kommunisten nicht verborgen blieb.

Eisenhower war davon überzeugt, dass diese harte Haltung schließlich zur Wiederaufnahme der Waffenstillstandsverhandlungen und zu deren erfolgreichem Ende führte. Das mag so sein, aber entscheidend ist möglicherweise eine andere Tatsache, nämlich der Tod Stalins am 5. März 1953. Bereits am 19. März beschloss der Ministerrat in Moskau, der UNO mitzuteilen, dass nunmehr die Zeit gekommen sei, den Waffenstillstand abzuschließen. Am 26. April 1953 wurden die Verhandlungen wieder aufgenommen, dann zwar wieder unterbrochen, aber Anfang Juni hatte man einen Kompromiss in allen Punkten gefunden. Zwangsrepatriierungen würde es nicht geben. Ein schwerer Prestigeverlust für die Kommunisten.

Am 27. Juli 1953 wurde der Krieg durch einen Waffenstillstandsvertrag beendet. In der traditionellen „Friedensbaracke" von Panmunjom setzten an jenem Montag um 10:00 Uhr

National Archives II, College Park, Maryland

Panmunjom, 27. Juli 1953: In der „Friedensbaracke" wird der Waffenstillstandsvertrag unterschrieben; links US-Generalleutnant William K. Harrison, rechts Nam Il, der unmittelbar vorher zum General ernannt worden ist, damit er einen höheren Rang als Harrison hat.

koreanischer Zeit der amerikanische Generalleutnant William K. Harrison und der Nordkoreaner Nam Il – der noch kurz zuvor zum General befördert worden war, damit er einen höheren Rang als Harrison hatte – ihre Unterschriften unter ein dickes Bündel von Dokumenten. Etwa 170 Journalisten aus der westlichen Welt und einige kommunistische Pressevertreter standen vor der Halle, in der die Unterzeichnung vorgenommen wurde. Nach 15 Minuten war alles zu Ende; Harrison und Nam entfernten sich – immer noch ohne ein Wort, einen Blick oder einen Gruß zu wechseln. James Reston von der „New York Times" hatte den Eindruck, „als ob sie eine Kriegserklärung statt eines Waffenstillstandsabkommens" unterzeichnet hätten. Drei Stunden später unterschrieb General Mark W. Clark als UN-Oberkommandierender das Dokument im wenige Kilometer entfernten Munsan. 12 Stunden später schwiegen die Waffen in Korea.

Von nun an gab es eine vier Kilometer breite entmilitarisierte „Pufferzone“ zwischen Nord- und Südkorea, die von einer internationalen Kommission überwacht wurde. Ihr Verlauf entsprach in etwa dem 38. Breitengrad, der in den folgenden Jahren zu einer der todbringendsten Grenzen des Kalten Krieges wurde.

ullstein bild – AP, 00976246

Feier zum 50. Jahrestag des Waffenstillstandes, Nordkorea 27. Juli 2003.

Fazit

Der Koreakrieg blieb zwar ein „begrenzter Krieg“, seine globale Bedeutung kann allerdings nicht hoch genug eingeschätzt werden. Er war „der Wendepunkt des Kalten Krieges“, wie Truman es in seiner Abschiedsrede am 15. Januar 1953 formulierte, und hatte gravierende Konsequenzen für alle Beteiligten.

In den USA war er lange Zeit der „vergessene Krieg“ zwischen dem „guten“ Zweiten Weltkrieg und dem „schlechten“ Vietnamkrieg; und das obwohl etwa 37.000 US-Soldaten starben und 100.000 verwundet wurden; erst 1995 wurde ihnen

akg-images / Jürgen Sorges, AKG338291

Joint Security Area, Bridge of No Return in Panmunjon (Entmilitarisierte Zone am 38. Breitengrad). Auf der Brücke fand nach dem Waffenstillstand von 1953 der Austausch von Kriegsgefangenen statt. Aufnahme aus dem Jahr 2002.

in Washington ein Denkmal gesetzt. Die Verluste auf koreanischer und chinesischer Seite werden auf 1,7 Millionen Tote und Verwundete geschätzt. Eine Million Zivilisten fanden im Süden den Tod, mehr als doppelt so viele im Norden. Das Land selbst war vollständig zerstört.

In den USA löste der Krieg apokalyptische Ängste über die „kommunistische Weltverschwörung" aus. Das innenpolitische Klima war auf Jahre belastet. Es begann die Periode des McCarthyismus: die antikommunistische Hexenjagd des Senators Joseph R. McCarthy aus Wisconsin.

Größte Konsequenzen hatte der Krieg schließlich für das amerikanisch-chinesische Verhältnis: Er vergiftete für Jahrzehnte die Beziehungen und zwang Peking für lange Zeit an die Seite Moskaus, was offensichtlich von Anfang an Stalins Absicht gewesen war. Tschiang Kai Schek war und blieb der Verbündete der USA, gesichert u. a. durch die 7. US-Flotte, die Maos Pläne einer Invasion der Insel zunichtemachte.

Und er führte dazu, dass die USA Japan als Verbündeten suchten und dessen Wiederaufbau vorantrieben. Der Krieg war „ein Geschenk der Götter", wie der japanische Ministerpräsident Shigeru Yoshida 1951 meinte. Japan erhielt 1951 einen moderaten Friedensvertrag und ein Sicherheitsabkommen mit den USA. Noch während des Krieges wurde der Grundstein für den wirtschaftlichen Wiederaufstieg des Landes gelegt. Allein für die UN-Truppen in Korea lieferte Japan für mehr als 3,5 Milliarden Dollar Material.

Gleichzeitig führte Stalins, Maos und Kim Il Sungs gigantische Fehlkalkulation zu einer massiven Aufrüstung in den USA: die konventionelle und atomare Rüstungsproduktion wurde beschleunigt, die Militärhilfe an die Verbündeten verstärkt, insbesondere Frankreichs Krieg in Indochina massiv unterstützt (bis zu 75 % der Kosten), die NATO bei gleichzeitiger Wiederbewaffnung der Bundesrepublik Deutschland unter dem neu ernannten Oberbefehlshaber Dwight D. Eisenhower ausgebaut und die Gründung eines Verteidigungspaktes in Südostasien – SEATO – vorbereitet.

Das globale Wettrüsten begann mit diesem Krieg, in dem zum ersten und gleichzeitig zum letzten Mal eine kommunistische Hauptstadt – Pjöngjang – erobert wurde. Es war gleichzeitig auch das erste und letzte Mal, dass Stalin mit dem Angriff gegen den Süden jene unsichtbare, in Jalta 1945 gezogene Linie der beiderseitigen Einflusssphären überschritt. Das Gleiche galt auch für die USA, trotz der neuen *„roll back“*-Strategie, in der es um das Zurückdrängen des Kommunismus ging, die an die Stelle des *„containment“*, der Eindämmung des Kommunismus, trat. Dass diese vom neuen US-Außenminister John Foster Dulles 1953 formulierte antikommunistische Befreiungspolitik nicht viel mehr war als aggressive Befreiungsrhetorik, die sich in der Praxis nicht wesentlich von der containment-Politik Trumans unterschied, wurde damals nicht sogleich erkannt. Hoffnungen im Ostblock auf eine Befreiung vom Kommunismus mit Unterstützung der USA – 1953 in der DDR, 1956 Ungarn, 1968 Tschechoslowakei – wurden in der Folge enttäuscht. Konflikte wurden in der „Dritten Welt“ ausgetragen: Lateinamerika (Kuba), Naher und Mittlerer Osten (Israel, Afghanistan), Afrika (Angola, Äthiopien), Asien (Laos, Vietnam).

War der Kalte Krieg mit Gründung der NATO 1949 gleichsam „institutionalisiert“ worden, so wurde er jetzt mit dem Koreakrieg „organisiert“. Durch ihn erhielt er so etwas wie eine Organisationsstruktur, die im Prinzip bis an sein Ende, dem Zusammenbruch der Sowjetunion 1991, galt. Der Koreakrieg war sozusagen die „formative Phase“ dieses Krieges. Damit aber hat er den Lauf der Geschichte in der zweiten Hälfte des 20. Jahrhunderts nachhaltig beeinflusst, wenn nicht sogar bestimmt.

In Korea – Nord wie Süd – hat man den Krieg mit seinem Elend nie vergessen, auch wenn er nach wie vor unterschiedlich interpretiert wird. Dort heißt er nur der „25. Juni“, eine Erinnerung an den Tag des Beginns. Es gibt zahlreiche „ Erinnerungsorte“, Denkmäler und Museen. In Pjöngjang gibt es ein riesiges „Befreiungsmuseum“, in Südkorea allein 1500

(!) Denkmäler, davon 300 staatlich organisierte. Der 15. August – Japans Kapitulation 1945, ist Nationalfeiertag in beiden Koreas. Ansonsten gibt es wenig Gemeinsamkeiten.

Seit 1953 ist die entmilitarisierte Zone eine unüberwindliche Todeszone. Anders als im geteilten Deutschland gab es kein „West-Berlin" im Norden, der sich so beinahe unter Ausschluss der Öffentlichkeit durch die Kim-Dynastie – erst unter Kim Il-Sung, dann seit 1994 unter dessen Sohn Kim Jong-il und seit 2011 unter dessen Sohn Kim Jong-un – zu einer kommunistischen Diktatur der besonderen Art entwickelte, mit 1 Million Soldaten (bei 25 Millionen Einwohnern) und einem Atomprogramm, dass die Welt lange Zeit beunruhigt hat (und immer noch beunruhigt). Gleichzeitig (ver)hungern seine Bewohner. Der einzige Verbündete, die Volksrepublik China, schaut eher mitleidig auf dieses Land und macht lieber Geschäfte mit Südkorea, das zu einem führenden Industriestaat Asiens aufgestiegen ist. An eine Wiedervereinigung in nächster Zukunft ist wohl nicht ernsthaft zu denken, trotz zaghafter Annäherungsversuche. So traf Kim Jong-un im April und Mai 2018 Südkoreas Präsident Moon Jae-in in Panmunjom, am 12. Juni 2018 sogar US-Präsident Donald Trump in Singapur. Thema dort war offensichtlich die Denuklearisierung der koreanischen Halbinsel. Auch von einem Friedensvertrag zwischen den beiden Ländern ist die Rede. Man darf gespannt sein, wie sich die Dinge in Korea entwickeln werden.

Literatur, Dokumente, Fernsehdokumentationen

Literatur

Steininger, Rolf, Der vergessene Krieg. Korea 1950–1953, München 2006, 2. Aufl. 2007 (mit ausführlicher Zeittafel, Glossar, weiterführenden Literaturangaben, 35 websites, 10 (Fernseh-)Dokumentationen und 93 Photos).

Kleßmann, Christoph/Bernd Stöver (Hg.), Der Koreakrieg: Wahrnehmung–Wirkung– Erinnerung, Köln 2008.

Bonwetsch, Bernd/Matthias Uhl (Hrsg.), Korea – ein vergessener Krieg? Der militärische Konflikt auf der koreanischen Halbinsel 1950–1953 im internationalen Kontext, München 2012.

Stöver, Bernd, Geschichte des Koreakriegs: Schlachtfeld der Supermächte und ungelöster Konflikt, München 2013.

Stueck, William, Rethinking the Korean War. A New Diplomatic and Strategic History, Princeton/Oxford 2002.

Dokumente

Foreign Relations of the United States (FRUS), 1950, Vol. VII, Korea, Washington, D. C. 1976; 1951, Vol. VII, Korea and China, Washington, D. C. 1983; 1952–1954, Vol. XV, Korea, Washington, D. C. 1984.

The Korean War and its Origins (275 Dokumente, Audio etc.) Harry S. Truman Presidential Library and Museum, Independence, Missouri. www.trumanlibrary.org

Korean War, 1950– 1953. A collection of primary documents from Russian archives. Cold War International History Project, Wilson Center, Washington, D. C. www.digitalarchive.wilson-center.org

Hörfunk

Probefall Korea? Koreakrieg und deutsche Wiederbewaffnung, Feature, 60 Min., Rolf Steininger, Deutschlandfunk und Bayerischer Rundfunk 24.6.1980; Deutschlandradio 2003; abrufbar unter www.rolfsteininger.at

Fernsehdokumentationen

Drei Jahre, die die Welt bewegten: Koreakrieg und deutsche Wiederbewaffnung
ARD 1980, WDR 2003, Farbe/s/w, 60 Min, Heribert Schwan/ Rolf Steininger, abrufbar unter www.rolfsteininger.at

Korea – der vergessene Krieg
3 × 45 Min., Nina Adler, SPIEGEL Geschichte 2010.